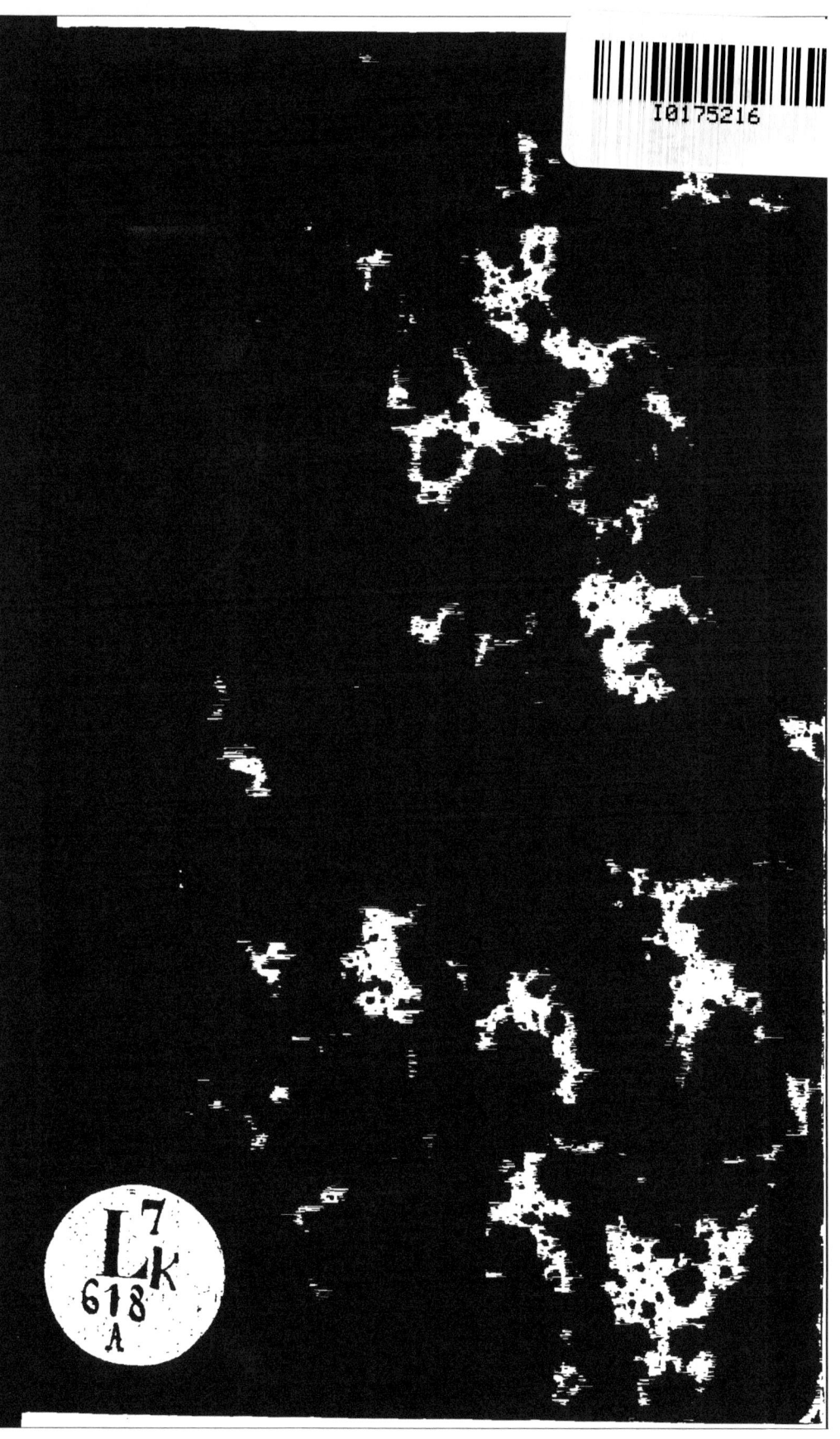

Lk 618
A

SOUVENIRS

sur

L'EGLISE NOTRE-DAME

D'AUXONNE.

Auxonne, imp. de X.-T. Saunié.

SOUVENIRS

SUR

L'ÉGLISE NOTRE-DAME

D'AUXONNE,

PAR CLAUDE PICHARD,

ANCIEN MAIRE.

Deuxième Edition, revue et augmentée.

AUXONNE,

X.-T. SAUNIÉ, IMPRIMEUR-LIBRAIRE-ÉDITEUR.

1857.

SOUVENIRS
SUR
L'ÉGLISE NOTRE-DAME
D'AUXONNE.

*« J'entrerai dans ta maison avec
« le respect qui t'est dû... »*

L'ÉGLISE paroissiale d'Auxonne, dédiée à la Vierge, est un beau monument qui fut fondé en 1309, par Jeanne de France, femme de Eudes IV, duc de Bourgogne. Elle fut continuée pour la plus grande partie et achevée, vers 1360, aux frais de la duchesse Marguerite, fille unique de Louis III, comte de Flandres, qui fut femme, en premières noces, de Philippe de Rouvres, dit le Jeune, et en secondes noces, de Philippe-le-Hardi.

On lit postérieurement aux archives : *Par suite de délibération du 14 novembre 1515, le portail de l'église d'Auxonne fut commencé à être fondé, en l'honneur de Dieu et de la vierge Marie, sa mère, le 22 avril 1516, après Pâques, des aumônes données; et l'on trouva à la quête par la ville, pour ladite construction du portail, 348 livres 4 engrognes. la dépense totale fut de 689 livres, 3 gros, 1 engrogne. Les pierres furent prises ès perrières de Dole, Sampans, Mont-Rolland et Chevigny. Il y avait 12 maçons qui ga-*

gnoient par jour chacun 3 sols, 6 deniers ; les charetiers de la Perrière de Dole 2 sols 6 deniers par voiture ; les charpentiers 3 sols 4 deniers par jour ; les manœuvres pour les fondations, 2 sols 4 deniers ; les femmes 1 sol 4 deniers.

Ce portail se compose d'un porche ou portique en avant-corps, à deux ouvertures ou arcades latérales et à trois arcades de face correspondant aux portes trinitaires. De riches ornementations, sculptées dans le style du 15e siècle et de la renaissance, décorent cet ouvrage. Des deux tours rectangulaires qui le surmontent et qui sont liées entr'elles par une plate-forme et une galerie à jours, l'une est restée inachevée faute de dons suffisans ; celle au midi, où est l'horloge, et que couronnait jadis un petit campanile, anciennement appelé *la Guette*, renfermait un carillon qui, ayant reçu de notables améliorations en 1725, passait pour l'un des meilleurs des deux Bourgognes et se faisait entendre au loin les jours de fêtes (1).

Contre cette tour au midi, presqu'en face la rue Marin, on lit au-dessus du premier cordon, en ces termes, la date précitée de la fondation :

CE PORTAL FUT COMMENCÉ ÊTRE FONDÉ EN LHÔNEUR DE DIEU ET DE LA VGE MARIE SA MÈRE, LE XXII D'AVRIL L'AN MIL CINQ CENS XVI, APRÈS PAQUES, DES AUMÔSNES DONÉES.

---

(1) Voir le journal d'Auxonne du 8 septembre 1854.

Sous le porche, au-dessus de la porte d'entrée principale de l'église, avait été placée, lors du renouvellement du vœu de St.-Roch, le 16 août 1736, une autre inscription, d'une riche latinité, qui a disparu et dont voici la reproduction :

memores estote, viri auxonnenses et incolœ,
quod, anno 1636,
grassante immanis pestilentiæ lue,
familias, domos et urbem, passim ac ubique
depopulante,
Deo omnipotenti,
per intercessionem B. Rochi, civitatis vestrœ tutelaris benignissimi,
votum solenne voventes
liberati sunt
patres vestri.
Gratiâ autem Dei,
anno 1736,
omnes sani et incolumes,
cum fervore et spiritali gaudio, ad fontem
misericordiœ
revertimini enixe deprecantes,
ut

intercedente beatissimâ virgine Mariâ, cum
beato Rocho,
omne malum à nobis semper avertat.
Exemplum dedere vobis
in jejunis, et fletu, et oratione
proceres vestri,
ut
quemadmodum ipsi fecerunt, die 16 augusti, et vos faciatis,
et salvemini !

TRADUCTION.

Souvenez-vous, hommes d'Auxonne et habitans,
qu'en l'année 1636,
la contagion redoutable d'une peste cruelle,
dépeuplant de toutes parts les maisons et
les familles, et désolant cette ville,
vos pères
par un vœu solennel
à Dieu tout-puissant
furent délivrés du fléau,
par l'intercession du bienheureux St.-Roch,
notre protecteur bienveillant.
Par la grâce du Seigneur,
tous sains et saufs,
en 1736,

priant avec ferveur,
ont recouru avec empressement et joie
à la source de la miséricorde,
afin
que, par l'intercession de la bienheureuse
vierge Marie et du bienheureux Saint-Roch,
tout malheur soit à jamais détourné de
nous.
Vos ancêtres
vous avaient donné cet exemple
au milieu du jeûne, des larmes et des prières,
afin
que de même qu'ils le firent, le 16 du mois
d'août 1636,
vous le fassiez aussi,
et vous serez sauvés !...

Cette inscription consacrait le vœu solennel fait par les magistrats, en 1636, lorsque la peste, qui dura une année entière, dépeuplait la ville. Par crainte de l'épidémie, l'église demeura fermée depuis la St.-Denis jusqu'à la Toussaint (2).

---

(2) C'était souvent que la peste ravageait

D'après ce vœu, renouvelé ensuite d'assemblée générale des habitans du 5 janvier 1736, on devait chaque année, *afin d'apaiser l'ire de Dieu, jeûner la veille de St.-Roch, se confesser et communier le jour de la fête de ce saint, puis assister à la procession générale qui se rendoit, après vêpres, au couvent des Cordelières.*

Indépendamment du portail dont nous avons parlé, l'église d'Auxonne se compose d'une grande nef, de deux nefs latérales, d'un chœur et d'un sanctuaire. Sa longueur intérieure, (porche

---

nos pays. Celle de 1636 enleva 1,800 personnes à Auxonne ; celle de 1506 avait déjà enlevé, dans trois mois, les deux tiers des habitans. Nous avons retracé, dans le journal d'Auxonne des 31 octobre et 7 novembre 1852, le triste tableau *des malheurs des tems anciens.*

non compris) est de 54 mètres dans le milieu de la grande nef et de 47 mètres dans le milieu des nefs latérales. Sa largeur est d'environ 21 mètres. La maîtresse voûte ou voûte de la grande nef et les voûtes de côtés sont à nervures croisées, séparées par des arcs doubleaux et réunies par une clé. La première a 14 mètres de hauteur sous clé ; la hauteur des voûtes latérales est de 7 mètres. Le sanctuaire et les deux contre-nefs se terminent en absides.

Ce temple (comme l'a dit J. Bard) est l'une des plus vastes, des plus graves, des plus majestueuses basiliques de l'ancienne province de Bourgogne (3). Orientée suivant l'usage

---

(3) La vue de l'église d'Auxonne a été

chrétien du moyen-âge, c'est-à-dire la façade à l'ouest et le chevet tourné vers l'orient, elle est en forme de croix latine dont le bras droit consiste en une tour d'architecture romane qui servait de campanile isolé ou de beffroi à une plus ancienne église. Cette tour est percée de plusieurs ouvertures à plein ceintre, ornées de colonettes, et d'autres ouvertures rondes disposées sans symétrie, pour laisser échapper le son des cloches. Sa construction doit remonter au 9ᵉ ou 10ᵉ siècle (4).

---

très-bien rendue, sur une petite échelle, par M. Antoine l'aîné, dans son plan gravé de 1764. (Voir à la bibliothèque de la ville.)

(4) La tour dont il s'agit a été habitée dans ses parties supérieures. On y voit encore les restes d'une cheminée. C'est là que vivait, en 1638, Jacques Cratel, *le sorcier au bon cœur*. (Voir le feuilleton sous le titre de

En entrant dans l'église d'Auxonne, le spectateur admire ses colonnades, son architecture élégante et gracieuse. La colonnade de gauche se trouve plus massive que celle de droite, parce qu'il y a eu nécessité de la renforcer, en raison d'un écartement de la voûte.

La grande nef présente une assez forte déviation, symbole de Jésus-Christ mourant sur la croix.

Les stalles du chœur, parfaitement conservées, offrent des sculptures originales, taillées par le ciseau de quelque ouvrier malin du 16e ou du 17e siècle (5).

---

quasimodo, du journal d'Auxonne du 20 avril 1851).

(5) On pense qu'elles datent de 1695,

Le grand aigle en cuivre, avec riche piédestal de 1652, servant de lutrin, mérite d'être distingué. Cet aigle d'un savant travail a été édifié par les soins de M. François Viard, bâtonnier de la paroisse en ladite année, et d'Anne de Villers, sa femme (6).

La chaire à prêcher, de 1556, faite en pierre polie de Sampans, et de même dessin que la chaire de St.-Pierre, à Rome, est due à la généro-

---

époque où le maître-autel avait été reconstruit.

(6) Le bâtonnier était le dépositaire-gardien, pendant l'année, de l'image ou de la statue de la Vierge, patronne de la ville. Chaque bâtonnier, en rendant la Vierge, faisait un don à l'église ou à la fabrique. (Voir, concernant plusieurs bienfaiteurs et donations, le journal d'Auxonne des 11, 18, 25 février, 4 et 11 mars 1855.)

sité de Claude Devenet, notaire et maire d'Auxonne, qui est enterré au-dessous et qui en dota l'église comme bâtonnier en ladite année 1556. Autour sont les armes et le nom du fondateur, puis les statuettes des quatre évangélistes, lesquels ont remplacé quatre des docteurs de l'église qui y étaient d'abord.

Le jeu d'orgues est d'une belle facture. Etabli en 1615 au jubé (près du chœur) aux frais des habitans et considérablement augmenté en 1616, il a été transporté en 1629 au-dessus de l'entrée principale de l'église, où on le voit actuellement.

Le revers de la façade, derrière ce jeu d'orgues, offre une large fenêtre ogivale pleine de compartimens et de rosaces d'un goût exquis, de la fin du 14ᵉ siècle.

Malheureusement il ne reste plus rien des anciennes verrières qui ont dû orner les baies de l'édifice et qui n'ont point survécu soit au mauvais goût, soit aux spoliations de la fin du 18ᵉ siècle, époque où ont pareillement disparu les statues des apôtres qui surmontaient les contreforts de la voûte principale, ainsi que les statues du portail et la plupart de celles de l'intérieur de l'église.

A l'extérieur, le portail surtout, attire les regards des étrangers, et souvent des artistes s'arrêtent pour en prendre le dessin. Le nouveau clocher, d'une coupe remarquable, reconstruit sous la direction de M. Phal-

Blando, s'élève avec hardiesse et fixe aussi l'attention du voyageur. Sa hauteur depuis le sol jusqu'au sommet de la croix est de 70 mètres. On y a adapté un paratonnerre (7).

En creusant le puits pour ce paratonnerre, on a rencontré à 7 mètres de profondeur le gros gravier de Saône et, dans ce gravier, une gaffe ou croc de marinier, en fer. Cela semble indiquer le passage de la Saône en cet endroit et une navigation déjà établie à une époque fort reculée. Les premières alluvions qui ont exhaussé le sol proviennent d'un sable fin, jaunâtre, descendu des coteaux de l'Est; puis, au moyen des remblais qui se

---

(7) La charpente de cette flèche se compose d'environ 600 pièces de bois.

sont accumulés pendant une longue succession d'années, cet exhaussement ayant suivi comme à l'ordinaire sa marche ascensionnelle, est bientôt parvenu à une certaine hauteur et enterrant en partie l'église, y entretenait de l'humidité ; par les déblaiemens qu'on vient d'opérer, il est remédié à cet inconvénient (8).

Remontons aux tems anciens ?

Le 13 mai 1320, sous le pape Jean XXII, des indulgences furent accordées à la nouvelle église d'Auxonne par onze Evêques réunis à Avignon. Le titre prouve que St.-Thomas et

---

(8) On lit dans un certificat du tems, du voyer de la ville, que la place de l'église *a été chargée en* 1786 et que des soldats étaient employés à ce travail. On ne sait pas pourquoi ce chargement a eu lieu.

S^te. Marie-Madeleine étaient alors en grande vénération à Auxonne.

Une autre bulle d'indulgences, du pape Martin V, de décembre 1428, fut rendue en faveur de ceux qui aideraient, ou par leurs travaux, ou par leurs aumônes, aux réparations à faire à l'église Notre-Dame d'Auxonne *dont les fondements croûloient de vétusté ; et par mesme nécessité à la chaussée de terre, sable et pierre establie en avant de ceste ville, par rapport aux inondations, laquelle chaussée estoit rompue en maints endroitz.*

On avait pensé que, dans ce dernier acte, il ne pouvait être question de l'église actuelle dont le genre d'architecture n'est pas assez ancien, pour qu'à l'époque susdite elle tombât de vétusté; mais on lit, dans d'autres vieilles écritures, que ses fondations qui d'ailleurs dataient déjà de près de 120 ans, depuis Jeanne de France en 1309, *avoient esté mal assises et qu'il estoit nécessaire de les fortiffier*. C'est alors aussi que, pour arrêter l'écartement de la voûte, on renforça la colonnade de gauche qui, comme nous l'avons dit, se trouve plus massive que celle de droite. L'église primitive, qui subsistait sous les moines de S^t.-Vivant et sous les comtes d'Auxonne, était d'une date beaucoup plus reculée. Courtepée dit qu'il y en avait une dans les champs, laquelle fut ruinée par les Tard-Venus en 1350 (9).

---

(9) On présume que cette église était sur les terrains dits du Champ-la-Pierre et de

Suivant quelques-uns, une autre ancienne église existait où se trouve le bâtiment de la Renaissance ou de la Bibliothèque, construit en 1844 et qui a remplacé la halle de la grande Boucherie, laquelle halle était antérieurement l'auberge du Lion-d'Or, vendue à la ville par un sieur Trumeau, en 1720, moyennant 7,600 livres. Le genre de construction de ladite halle, ses piedroits dont les profils dataient du 15ᵉ siècle et la forme de ses ouvertures ont bien pu faire croire qu'une église a effectivement existé en cet endroit.

Du reste, à côté de l'église actuelle, au nord, il y avait sur le cimetière

---

la Vigne-Jeanneton, entre le nouveau cimetière et la Brisotte.

une partie réservée, close de murs et, au milieu, une modeste construction renfermant une chapelle dédiée à S^t.-Jacques-le-Mineur, surmontée d'un clocher. Cette modeste église figure dans une ancienne vue d'Auxonne, sans date, mais qui doit être antérieure à l'époque du plan rapporté en l'atlas Tassin de 1652 (10).

---

(10) On voit, par ce qui précéde, que le cimetière entourait l'église. C'est en 1769 qu'il fut reporté extra muros, contre les glacis. On donnait la sépulture aux notables dans l'église ; les gens aisés étaient descendus dans le charnier sous le portail.

Très-anciennement on enterrait déjà les morts autour de la place. Lors de fouilles faites pour la reconstruction de la maison Berthet, en 1842, on trouva beaucoup de débris d'urnes cinéraires, portant sur l'anse les quatre lettres S. P. Q. R. (*senatus populus que romanus*) ce qui indiquait l'existence d'un cimetière romain en cet endroit.

En 1467, le Pape ayant accordé un jubilé pour le recouvrement de la terre sainte, Auxonne fut choisi comme un lieu très-commode pour le célébrer. On y accourut de loin *et il y eust foule de populaire et de personnaiges marquantz.* Les prédications se firent à l'église; on y reçut d'abondantes aumônes qui produisirent beaucoup d'argent. L'impérieux Charles-le-Guerrier s'en empara et le bon père Perry, historien de Châlons, attribue à cette saisie d'argent sacré tous les malheurs de ce prince.

En 1585, le vicomte de Tavanes, gouverneur d'Auxonne, avait des intelligences avec les Espagnols et était sur le point de leur livrer la place. Les habitans, qui eurent connaissance de ses menées, se saisirent de sa personne à l'église, le jour de la Toussaint. Un enfant fut tué dans la mêlée. Le lieu saint se trouvant pollué par ce meurtre, les morts furent enterrés au cimetière des Claristes, jusqu'à ce que l'église fut bénie de nouveau par le suffragant de l'archevêque de Besançon.

C'est à l'occasion de la prise du vicomte de Tavanes que Henri IV écrivit de sa main aux Maire et Echevins la lettre affectueuse du 25 janvier 1586, gardée aux archives, où il félicite les Auxonnais de leur patriotisme et les remercie du service signalé qu'ils ont rendu, en conservant à la France un point important.

Au mois de juillet 1595, pendant

que ce monarque était à Auxonne, on vola le Christ d'argent attaché à la croix. Le roi donna 50 écus pour en acheter un autre.

Divers sinistres ont frappé l'église d'Auxonne.

En 1600, le 17 août, le tonnerre tomba sur le clocher, rompit deux pièces de bois qu'il jeta en dehors, fendit la voûte de l'église et brisa les éventaux de l'autel du jubé où étaient peints plusieurs personnages de la ville.

En 1645, le 20 janvier, une horrible tempête causa de grandes dégradations au clocher.

En 1685, le tonnerre tomba encore sur le clocher.

En 1717, le 4 janvier, il frappa de

nouveau le clocher qui en deux heures fut tout en feu et fit éprouver de graves dégats aux chapelles voisines. On remonta la flèche en 1724, en lui donnant 30 pieds de moins en hauteur.

En 1733, on pourvut à une nouvelle restauration du clocher et de la principale tour du portail, pour une somme de 6,000 livres. Cette dépense fut répartie *sur tous les habitants de la ville et des Granges, privilégiés ou non privilégiés, même sur les ecclésiastiques et les nobles.*

Cette même année, l'église fut blanchie par des Italiens et, pour le paiement, on fit une quête par la ville. Le manquant fut payé par la fabrique. Il en coûta 1,500 livres.

En 1786, l'église se trouvant en mauvais état, reçut des réparations importantes. Les dépenses, montant à 10 mille livres, furent couvertes, suivant ordre de l'Intendant de Bourgogne, au moyen d'un rôle de taille dont le tiers fut payé par les habitans et les deux autres tiers par ceux possédant des fonds sur le territoire. Trois ans après, l'orgue fut remis à neuf par le facteur Callinet; il en coûta 8,000 livres.

En août et septembre 1808, le comble de la grande nef a été couvert en ardoises, aux frais de la ville.

Lors du bombardement d'Auxonne, dans la nuit du 27 au 28 août 1815, on craignit de grands dégats pour l'église qui servait de point de mire aux batteries autrichiennes. Une seule bombe, éclatant sur le comble supérieur, frappa une partie du faitage, brisa quelques chevrons et n'occasionna heureusement des dégradations que pour 600 francs.

Les sacrifices extraordinaires que la ville s'est imposés envers l'Etat, pour l'aggrandissement de ses établissemens militaires et pour l'augmentation de sa garnison, ont obligé les administrations qui se sont succédé à ajourner bien des améliorations utiles, ainsi que la restauration complète de l'église. Cependant des travaux importants ont été effectués depuis quelques années. Les ignobles échoppes qui deshonoraient le monument ont disparu et ont été remplacées au nord et à l'est par une grille élégante ; on a obvié aux principales dégradations qui menaçaient le corps de l'édifice ; une somme d'environ 50 mille francs a été en outre employée pour la réédification de la flèche, plus élevée que la précédente de 11 mètres ; enfin la tour romane a été restaurée en partie, et un archange dominant la ville et ses environs brille à son sommet. Il montre du doigt le ciel et prie pour que les hommes oublient leurs funestes divisions !

Disons de plus qu'à l'intérieur plusieurs chapelles se trouvent heureusement transformées ; que déjà quelques fenêtres offrent d'artistiques dessins en verres de couleur (11) ; qu'à l'ex-

---

(11) Il y a lieu de remarquer surtout :

térieur notre superbe portail se montre avec le riche reflet des sculptures dont il vient d'être décoré, en même tems qu'il paraît s'élever plus grandiose, depuis que de nouvelles marches le détachent du sol.

Ajoutons que les finances de la commune l'ayant permis, il est encore pourvu largement en ce moment, a d'autres réparations indispensables. On ne peut certes qu'y applaudir, sinon pourtant à la grille posée devant le

---

dans la principale chapelle latérale de gauche, la décollation de St. Jean-Baptiste; le retour de l'enfant prodigue; St. Charles-Boromée administrant les prestiférés de Milan ; saint Nicolas (de grandeur naturelle) et sainte Madeleine repentante, aux pieds du Christ — et dans la principale chapelle latérale de droite, sainte Anne enseignant à lire à la Vierge ; l'Annonciation ; la Visitation.

portail, laquelle produit un fâcheux effet.

—

Le culte fut d'abord célébré à Auxonne par des moines. Ils sont remplacés, vers le milieu du 14° siècle par 30 prêtres appelés familiers, (*de familiâ*, appartenant au pays, à la famille), tous devant être nés et baptisés à Auxonne. Leur nombre fut plus tard réduit à 20, y compris le curé, qui percevait double portion dans les revenus. Ils subsistèrent jusqu'au 29 septembre 1792. Leurs archives furent déposées au district de Saint-Jean-de-Losne, le 7 juin 1793 (12).

---

(12) Il existe, concernant les titres de l'église, un relevé de 1779 et un autre de

Les revenus de la familiarité s'élevaient en 1790 à environ 16 mille fr., y compris les loyers des neuf maisons qu'elle possédait à Auxonne. Les familiers avaient à acquitter 1,825 messes par an. Il y avait dans l'église 28 chapelles ou fondations (quelques-unes richement dotées) de la plupart desquelles ils étaient titulaires.

La rue Guébriant, précédemment rue des Prêtres, avait pris ce dernier nom, parceque la plus grande partie des familiers y habitaient. Leurs jar-

---

1780, dont je possède les extraits, qui donnent l'idée des mœurs et des habitans à diverses époques; il aurait été trop long de les copier ici.

On trouverait sans doute encore d'autres titres, soit à l'archevêché de Besançon, soit aux archives de Dijon, provenant du district de Saint-Jean-de-Losne.

dins étaient réputés en général par de précieuses collections de fleurs.

Plusieurs familiers ont été des hommes d'une grande instruction. Il serait trop long de les énumérer. Mais nous donnons ci-après les noms de MM. les curés :

1359. Hugues LÉAUTÉ.
1363. Discrette personne Messire HUGUES.
1366. Messire LAURENT DE GRAYACO.
1377. Messire Pierre ESPERCIE, *lequel avoit une belle oppelande de camelin, fourrée de blair* (une belle houpelande de camelot, fourrée de blaireau, vêtement rare pour l'époque.)
1418. Messire Nicolas TESTELIN.

1464. Maître Philippe Saunage.
1496. Guillaume Naichard, chanoine de la sainte chapelle des Ducs à Dijon.
1562. Jean Borthon.
1568. Jean Trebillon.
1588. Benigne Viard.
1661. Hugues Jannon.
1691. Jérôme Traversier de la Pujade.
1705. Antoine Mouchet.
1734. Jean Retif.
1735. Claude de la Rue.
1736. Jacques-Bernard Lanoz.
1769. Claude-François Moutrille.
1791. Antoine Duborgia.
1799. Louis-Marie-Joseph François.
1803. Nicolas-Sulpice Gelot.

1826. Hugues Rolot.

1836. Charles Gouvenot.

Plusieurs curés furent investis des fonctions d'official. On sait que l'officialité avait été instituée à l'effet de rendre, en certains cas, la justice pour tout le comté. Etablie d'abord à Chaussin, elle fut transférée à Auxonne le 15 février 1580, par le cardinal de la Baume, archevêque de Besançon, qui dit dans ses considérants *qu'il a choisi Auxonne d'après les instances du Roy très-chrétien, parceque cette ville estoit la principale de la région, et fournie de docteurs et personnes habiles en la théologie, ainsy que dans la pratique du droit civil et du droit ecclésiastique.*

Le curé Trébillon fut le premier

official à Auxonne; les autres officiers l'assistant étaient un fiscal ou conseiller, le procureur fiscal, le scelleur, le receveur des amendes, le particien ou greffier, le sergent ou geôlier.

L'officialité avait été transportée d'Auxonne à Seurre en 1708 ; elle fut ramenée à Auxonne en octobre 1715, par suite d'arrêt du parlement de Dijon du 11 juin 1714.

—

Beaucoup de corporations ou confréries se rattachaient à l'église Notre-Dame d'Auxonne ; il paraîtra peut-être intéressant d'en conserver la nomenclature :

Les procureurs... Sous la vocable de saint Yves.
Les chirurgiens.. id. de saint Côme et saint Damien.

Les épiciers, confiseurs et ciriers….	id.	de Ste. Geneviève.
Les serruriers…… Les labaureurs, voituriers et maréchaux…………… Les chaudronniers, cloutiers, ferblantiers et couteliers.	id. Eloi.	de saint
Les pêcheurs, bateliers et mariners.	id.	Du glorieux ami de Dieu, monseigneur saint Nicolas.
Les boulangers et fourniers…………	id.	de saint Honoré.
Les menuisiers..	id.	de Ste. Anne.
Les tailleurs d'habits……………….	id.	de la Purification de Notre-Dame.
Les cordonniers.	id.	de saint Crépin et saint Crépinien.
Les tisserands…	id.	de Notre-Dame de l'Immaculée Conception.

Les couvreurs, maçons et aubergistes...............	id.	de saint Antoine.
Les charpentiers	id.	de saint Joseph.
Les jardiniers...	id.	de saint Fiacre.
Les pâtissiers....	id.	de saint Joachim.
Les tonneliers..	id.	sous le vocable de saint Mathieu.
Les portefaix et manœuvres........	id.	de saint Jacques et saint Cristophe.
Les chevaliers de l'arquebuse....	id.	de saint Louis.
Les chevaliers de l'arc............	id.	de saint Sébastien.

Il y avait encore :

La confrérie des perruquiers et des barbiers.

Celle des chapeliers, pelletiers, bonnetiers et faiseurs d'arquebuses.

La confrérie de sainte Barbe.

La confrérie ou conférence des filles de la paroisse.

La confrérie du Saint-Sacrement ou de la Fête-Dieu.

La confrérie de Ste-Croix............
Celle des Rois.......
Celle des Agonisans et des Morts.......
} Pour le soulagement des malheureux et des malades, et pour apprendre des métiers aux enfants pauvres.

Puis la confrérie des écoles Chrétiennes ou des instituteurs.

Les plus anciennes de ces confréries étaient celles du Saint-Sacrement, des chevaliers de l'arc et des chevaliers de l'arquebuse. Ces deux dernières, organisées en compagnies, rendirent de grands services pendant les troubles qui désolèrent nos provinces. La plus riche était celle de Sainte-Croix, composée des principaux bourgeois. Presque toutes possédaient des bannières, des saints et des images, ainsi que d'autres ornemens en or, en argent ou en cuivre, et figuraient, chacune avec ses bâtonniers, confrères, sergents, porte-fallots et enfants de chœur dans les processions (13).

---

(13) J'ai pu réunir beaucoup de renseignemens, qui demanderaient ici trop de place, sur les chapelles et les confréries, sur les donations, patrons, curateurs, etc., ces renseignemens puisés dans le *pouillé* (inventaire) du diocèse de Besançon de 1737, par le père Dom Anselme, benedictin, que l'ogeant et savant conservateur de la bibliothèque de Dole, M. Pallu, avait bien voulu mettre à ma disposition.

TOMBES

ET MARBRES FUNÉRAIRES.

A l'exception des deux tombes de la famille Morel, qui viennent d'être recouvertes d'un badigeon, (sans doute par erreur de l'ouvrier.) Toutes les autres qui existaient dans l'église d'Auxonne, sont illisibles ou ont disparu (14).

Les marbres funéraires ont aussi

---

(14) Voir, pour les tombes de la famille Morel, le journal d'Auxonne du 7 novembre 1851.

été enlevés. On en connaissait trois assez remarquables : 1° celui de Claude-Baptiste de Montrichard, seigneur de Flamerans, lieutenant de roi à Auxonne, mort en 1682. (Ce marbre a été retrouvé et est déposé à la bibliothèque de la ville) ; 2° celui de Hugues Jannon, curé, mort en 1689 ; 3° celui de Jacques-Louis de Vallon, marquis de Mimeure, lieutenant-général des armées du roi et gouverneur d'Auxonne, l'un des quarante de l'Académie française, décédé le 3 mars 1719.

Les deux que l'on voit contre les piliers, à l'entrée des deux principales chapelles latérales, sont :

A gauche de la grande nef, celui en l'honneur de Bernard Duplessis-Besançon, lieutenant-général et gouverneur d'Auxonne, décédé en 1670. (Ce marbre recouvré et restauré par les soins de M. Amanton, maire d'Auxonne, en 1807.)

Et, à droite de la grande nef, le cénotaphe, avec inscription en lettres d'or, consacrant le souvenir de François-Xavier-David Lamartinière, aussi gouverneur d'Auxonne, mort en 1803. Ce cénotaphe surmonté d'un riche trophée d'armes en marbre blanc, est dû à l'habile ciseau de Nicolas Bornier, qui remporta le grand prix de Rome, en 1787 et était professeur de sculpture à l'école des Beaux-Arts de Dijon.

CLOCHES.

—

Il n'y a plus que huit cloches dans l'église d'Auxonne, cinq dans la tour du portail et trois dans celle du clocher.

Les cinq du portail appartiennent à l'horloge de la ville. Autour de la grosse cloche, qui est dit-on, du poids de 3,000 livres, est gravé en caractères gothiques : « *l'an mil cinq cens vingt-un, le*
» *vingt-deuxième jour de may, cette*
» *cloche fut baptisée en l'honneur de*
» *Dieu et de la glorieuse vierge Marie,*

» *patronne de cette église. Fut parrain*
» *noble sieur Charles de Gilnisse, ca-*
» *pitaine du chateau dudit Auxonne et*
» *marraine demoiselle Catherine d'Es-*
» *barres dudit lieu.* »

Sur la grosse cloche du clocher, réputée du poids de 4,300 livres selon les uns et de 6,000 suivant d'autres, on lit qu'elle a été bénie, en 1784, par le curé Moutrille et à eu pour parrain messire Jean-Pierre Duteil, maréchal des camps et armées du roi, commandant en chef l'artillerie et la place d'Auxonne, et pour marraine dame Madeleine-Gabrielle Courtot de Montbreuil, épouse de M. Augustin de la Ramisse, maire et lieutenant-général de police de la ville d'Auxonne. MM. Petit, Tavian, Gaugla et Lagrange, échevins, etc.

Autour de la cloche moyenne est écrit :

« L'an 1832, j'ai été bénie par M.
» Hugues Rolot, curé. MM. Pichard,
» maire, Niaudet, de Gallois, Fau-
» connet, Viallet, Laviron, Ducrot,
» Pertuy, Gruet, Bertaux, Fabri-
» ciens.

» J'ai eu pour parain M. Charles
» de Gallois et pour marraine Mlle
» Malthide Viallet.

Enfin, sur la plus petite cloche est gravé ce qui suit :

« Soli Deo honor et gloria, 1696.
» François Lambert de cette pa-
» roisse et Jacquette Bault sa femme
» mon donnés (m'ont donné). »

Les cloches qui n'existent plus sont, entr'autres, la cloche *de la Guette* ou du tocsin au portail, sur laquelle on lisait (d'après reconnaissance du 31 août 1696) qu'elle pesait 2,850 livres.

Puis deux grosses cloches, trois moyennes et deux petites au clocher.

Sur l'une des deux grosses était écrit :

« *L'an mil cinq cent vingt-six, en*
» *l'honneur de la vierge Marie, patronne*
» *de ceste esglize, ceste cloche pesant*
» *quatre mille livres a esté baptisée,*
» *et a esté parrain noble Anthoine de*
» *Godefroy, capitaine de ceste ville,*
» *duquel ceste cloche porte le nom, et*
» *marraine damoiselle Claude Robot*
» *d'Auxonne.* »

Sur l'autre on lisait :

« *L'an mil quatre cent quarante*
» *cette cloche nommée Denise*

» *firent faire pour leur églize*
» *les manans et bourgeois d'Auxonne*
» *grace en ayt cil qui tous biens*
» *donne.*
» *Laquelle pèse comme je l'entend*
» *quatre mille avec cinq cens.* »

Cette cloche ayant été rompue, avec les débris et en ajoutant 400 livres de métal, on en fondit une autre sur laquelle fut gravé qu'elle avait pour parrain messire Claude-Charles Roger de Beauffremont, marquis de Sennecey, lieutenant-général du gouvernement de Bourgogne, capitaine et gouverneur des ville et château d'Auxonne, et pour marraine, la ville d'Auxonne, représentée par Hugues Mol, seigneur de Labergement, maire, par le procureur au bailliage, les échevins et le syndic.

Bénie le 17 juillet 1627, par le curé Borthon, elle avait reçu le nom de Claude-Charles-Roger-Auxonnaise.

Les trois cloches moyennes : l'une sans date ; la seconde de l'an 1322, qui s'appelait dame Bour la courtoise; la troisième de 1401, sonnaient ensemble pour certaines fêtes particulières et de confréries.

Les deux plus petites servaient pour appeler les prêtres au service et pour les messes du jubé.

CONCLUSION.

On a vu que c'est à la munificence de deux pieuses princesses que les Auxonnais doivent la construction de leur église : à la duchesse Jeanne et surtout à la duchesse Marguerite qui dota en outre le pays de tant d'autres bienfaits et que l'on appelait *la bonne reine Blanche* (15).

---

(15) Anciennement, en témoignage de gratitude pour cette princesse, un monument funéraire avait été élevé en son honneur. Il n'en reste qu'une statue détachée, déposée actuellement aux fonds baptismaux.

En 1516, s'élève son beau portail, au moyen des dons et aumônes des habitans.

Les moines de Saint-Vivant-sous-Vergy sont d'abord en possession du culte à Auxonne et ont leur maison curiale sur une partie de l'emplacement actuel de l'hôtel-de-ville. Les familiers, surnommés les vénérables, les remplacent au 14e siècle et subsistent pendant plus de 400 ans. Ils ajoutent par leur nombre à l'éclat, à la solennité du culte.

La foi est vive aux 14e, 15e, 16e et 17e siècles ! 28 chapelles et presqu'autant de confréries sont fondées; la plupart jouissent de beaux revenus. En effet, les donations se multiplient; nobles, bourgeois, marchands, gens de tous états rivalisent de générosité. Les bâtonniers principalement ne manquent pas de faire chaque année des présens souvent considérables à leur corporation où à l'église.

Les processions sortent fréquemment. La dévotion est grande pour Notre-Dame des Ursulines, pour Notre-Dame de la Levée, d'Athée, de Montroland, de Pesmes, de Gray, etc. Les fidèles ne craignent point de se rendre en pélérinage, à plusieurs lieues e leur domicile. On voit les bâteaux de la Saône remonter les habitans de Seurre qui vont invoquer Notre-Dame de Gray ! Les habitans des paroisses de Dijon traversent maintes fois Auxonne, pour aller prier jusqu'à Saint-Claude !

Le 18ᵉ siècle touche à sa fin. Voici 1789 qui, en amenant tant de réformes utiles à sa suite, entraîne aussi tant de dégradations et de ruines. L'église est dépouillée en 1793 de la plupart de ses ornemens, de ses sculptures ; elle devient le temple de la Raison ! La Vierge des Ursulines sert de déesse de la liberté (16).

Le culte est rétabli officiellement en 1802 ; mais la vieille basilique est dévalisée ! Ses saints sont descendus de leur piédestal ; les tableaux, les images d'or et d'argent, les attributs des confréries, les tombes même (souvenirs sacrés, témoignages des regrets des familles) presque tout a disparu !

---

(16) C'est la Vierge nouvellement posée sur la galerie du portail.

L'édifice aussi a cruellement souffert et a besoin de pressantes réparations!

La sollicitude de la fabrique et des pasteurs de la paroisse cherche a faire oublier de tristes spolations. Quelques personnes généreuses leur viennent en aide et l'administration municipale, malgré les difficultés financières de la commune à diverses époques, sait pourvoir successivement à des réparations notables et seconder le zèle des administrateurs de l'église.

La révolution de 1848 a secoué les trônes et ébranlé la société! Cependant, plus sage que ses aînées, elle n'a point dégradé les temples, ni insulté la religion. Partout au contraire un nouvel essor est donné pour la restauration des édifices religieux, de ces majestueuses basiliques où brillent l'art et la patience de nos pères. Auxonne ne pouvait rester en arrière et a continué l'œuvre pour son église. Déjà la plus grande partie des réparations principales ont été faites ; et lorsque les restaurations seront complètes, soit aux chapelles et à l'orgue ; lorsqu'à toutes les baies de l'édifice, des verrières en couleur lui donneront ce jour voilé, cette demi-obscurité qui portent l'âme à la méditation, à la prière ; lorsqu'à l'extérieur, la munificence municipale aura notamment relevé les portiques des deux entrées latérales ; alors nous citerons encore avec un plus juste orgueil notre église parmi les monumens remarquables de nos contrées.

www.ingramcontent.com/pod-product-compliance
Lightning Source LLC
LaVergne TN
LVHW051503090426
835512LV00010B/2323